Inhalt

Projekt-Controlling - Die rasante Zunahme an Projektarbeit verlangt nach Multiprojektmanagement im Controlling

Kernthesen

Beitrag

Fallbeispiele

Weiterführende Literatur

Impressum

Projekt-Controlling - Die rasante Zunahme an Projektarbeit verlangt nach Multiprojektmanagemer im Controlling

M. Westphal

Kernthesen

- Immer mehr Unternehmen lassen wichtige Veränderungen im Unternehmen in Form von Projekten bearbeiten.
- Zur Kontrolle der Auswahl der richtigen Projekte wie auch der effizienten Durchführung bedarf es eines

Multiprojektmanagements.
- Multiprojektmanagement stellt die operative Umsetzung der Unternehmensstrategie in den vielen Projekten sicher.

Beitrag

Wichtige Neuerungen in Unternehmen werden heute häufig in Form von Projekten umgesetzt, die aufgrund ihrer Bedeutung auch als strategische Projekte bezeichnet werden können. Diese vielen Projekte benötigen im Rahmen des Unternehmenscontrollings eines ausgefeilten Multiprojektmanagement.

Die steigende Anzahl an Projekten verlangt nach Multiprojektmanagement

Die Vielzahl von strategisch wichtigen Projekten in Unternehmen stellt für die Unternehmensführung eine große Herausforderung dar. Sie müssen bewertet und koordiniert werden. Außerdem müssen die begrenzten Investitionsmittel in diejenigen Projekte fließen, die die Erreichung des Unternehmenszieles

am besten unterstützen. Wichtig ist, diese Projekte an den Unternehmenszielen orientiert zu lenken. Dafür ist es notwendig, ein Multiprojektmanagement zu installieren. (1), (4)
Der wesentliche Vorteil des Multiprojektmanagements besteht in der Verknüpfung der strategischen Ebene der Unternehmensziele und strategien mit der operativen Ebene der Projektsteuerung. So kann sichergestellt werden, dass die gesteckten Ziele auch optimal erreicht bzw. umgesetzt werden. (1)

Wichtige Fragestellungen, die im Rahmen eines Multiprojektmanagements auftauchen sind:
- Bedeutung des jeweiligen Projekts im Vergleich zu allen anderen (auch potentiellen) Projekten
- Aufteilung des Gesamtbudgets auf die einzelnen Projekte
- Verteilung der Mitarbeiter-Ressourcen
- Änderungsmanagement, insbesondere dann, wenn diese auch Auswirkungen auf die anderen Projekte haben
- Vermeidung von Doppelarbeit und Nutzung von Synergieeffekten. (5)

Multiprojektmanagement ist ein

den Projekten übergeordneter Kontrollmechanismus

Multiprojektmanagement gliedert sich in zwei Bereiche. Zum einen ist dieses die Portfoliosteuerung, also die Auswahl der richtigen Projekte unter den Gesichtspunkten: a) strategische Bedeutung für die Erreichung der Unternehmensziele, b) Risiko und c) Ressourcenbedarf.

Zum anderen muss die Portfoliosteuerung ein kontinuierliches Monitoring der Projekte sicherstellen, veränderte Rahmenbedingungen anpassen bzw. sich gegenseitig behindernde Projekte identifizieren.
Zum anderen müssen Projektmanagementstandards vorgegeben werden. Dieses umfasst die Erstellung und Pflege eines unternehmensweiten Projekthandbuchs sowie die Bereitstellung von geeigneten Projektmanagementinstrumenten. So kann sichergestellt werden, dass die ausgewählten Projekte auch effizient durchgeführt werden. (2)
Im Vergleich zu der zeitlichen, auf die Projektdauer begrenzten, Aufgabe des Projektmanagements ist das Multiprojektmanagement eine unbefristete, auf die langfristige Sicherstellung der Erreichung der Unternehmensziele gerichtete Aufgabe. (2)
Multiprojektmanager müssen Portfoliosteuerung

beherrschen genauso wie das Verständnis von Unternehmensstrategie, Unternehmenscontrolling und Qualitätssicherungsstandards. (2)
Die organisatorische Eingliederung des Multiprojektmanagements findet in der Aufbauorganisation durch die Einrichtung von Portfolio-Boards, Multiprojektmanagern und Projekt-Büros statt. In der Ablauforganisation ist das Multiprojektmanagement mit den Projektmanagementprozessen der einzelnen Projekte betraut. (1)
Organisatorisch sollte der Multiprojektmanager als Stabsstelle unter der Geschäftsleitung angesiedelt sein. (2)
Da in vielen Unternehmen die Projekte in Form einer Matrix-Projektorganisation durchgeführt werden, kann der Multiprojektmanager auch Abstimmungsprobleme zwischen Linien- und Projektmanagement koordinieren und lösen. (1)

Der Prozess des Multiprojektmanagement ist dreistufig

Im Rahmen dieses Multiprojektmanagements werden in einem ersten Schritt Projektportfolios gebildet, die

die verschiedenen Arten von Projekten (IT, F&E, etc.) clustern.
Die strategische Ausrichtung dieser Portfolios kann über die Etablierung von Mindestkriterien sichergestellt werden. (1)
Im zweiten Schritt werden die vielen Projekte mittels objektiver projektorientierter Kriterien gemäß ihrer Bedeutung für die strategische Ausrichtung bewertet. Dabei müssen auch gewisse Standards zur Zielerreichung von der Unternehmensleitung bestimmt werden wie z. B. erwarteter Amortisationszeitraum für eine Investition. Aus dieser Bewertung und der daraus folgenden Priorisierung und Rangfolge entscheidet sich dann die Durchführung und auch die Zuteilung der Ressourcen für die einzelnen Projekte.
Verfahren, die sich zur Projektbewertung eignen, sind:
- Investitionsrechenverfahren
- Ermittlung projektbezogener Renditen
- Punktwertverfahren (Scoring-Modelle) Gewichtung der qualitativen Merkmale eines Projekts
- Bewertung mittels Risiko-Kennzahlen
- Portfolio-Darstellungen mögliche Dimensionen hierbei Risiko, Strategiebezug, Komplexität, Projekterfolg. Sinnvollerweise werden die Projekte im Portfolio in den Dimensionen Projekterfolg und Projektrisiko gegenübergestellt.
Projektselektionskriterien können sein:
- Strategische Relevanz des Projekts

- Wirtschaftlichkeitsbeurteilung
- Beherrschbarkeit der Aufgabenstellung
- Kundenwünsche
- Wirksamkeitsgrößen wie Mitarbeitermotivation, Serviceverbesserungen, Imageverbesserung, Wettbewerbsvorteile
- Machbarkeit in personeller wie finanzieller Hinsicht (5)

Um alle Projekte objektiv bewerten zu können, bietet sich ein formalisierter Beantragungsprozess an, in dem alle bewertungs- und genehmigungsrelevanten Daten beigefügt werden müssen. (4)
Im dritten Schritt werden dann kontinuierliche Informationen über den Projekt-Status erhoben und in ein Berichtssystem integriert, um der Unternehmensleitung ständig einen Überblick über sämtliche Projekte zu ermöglichen. Zu den zu erhebenden Daten gehört auch die Darstellung der termin- und budgetgerechten Projektfortschritte. (1)
Um zeitnahe Reaktionen zu ermöglichen, ist ein möglichst kurzer Kontrollrhythmus zu etablieren. Dabei ist natürlich ein Kompromiss zu finden zwischen dem mit der Kontrolle verbundenen Aufwand und dem Nutzen aus so aktuell wie möglichen Informationen. (1), (5)
Notwendig ist auch eine empfängergerechte Aufbereitung der Informationen wie auch die Wahl der richtigen Form für den jeweiligen

Informationsgehalt (Grafik, Tabelle, Symbole, freier Text). (5)
Eine weitere Aufgabe des Multiprojektmanagements kann in der Absicherung der Erfahrungen in den einzelnen Projekten bestehen. So kann auf diese Erfahrung zurückgegriffen werden, um zukünftige Projekte in ihrer Durchführung zu optimieren. (1)

Die Anwendung von Multiprojektmanagement ermöglicht:
- Eine bestmögliche Umsetzung der Unternehmensstrategie, da die richtigen Projekte im Sinne der ganzheitlichen Strategie umgesetzt werden.
- Eine Gesamtplanung ermöglicht das Aufdecken von Redundanzen wie auch möglichen Synergien wie aber durch die Priorisierung auch eine optimierte Ressourcenverteilung.
- Rechtzeitiges Erkennen von Risiken wie auch entsprechender Maßnahmen, diese zu minimieren.
- Zielorientierte Gesamtsteuerung, die auch Zieländerungen oder Terminverschiebungen und deren Auswirkungen auf die Projekte offenbart.
- Ermöglichung eines projektübergreifenden Ressourcenausgleichs. (5)

Das Multiprojektmanagement

kann sich vorhandener IT-Systeme bedienen

IT-Unterstützung kann das Multiprojektmanagement durch verschiedene Funktionsbausteine der gängigen ERP- und auch BI-Systeme erhalten. Verknüpft mit den Standardtools des Projektmanagements wie auch mit den Daten des Data Warehouses erfüllt es sämtliche Anforderungen, die für ein wirksames Controlling benötigt werden. Eine solche integrierte IT-Lösung bietet zudem den Vorteil, dass alle Informationen in diesem System gesammelt sind und nicht mehrfach in verschiedene Tools eingegeben und gepflegt werden müssen. (4)

Multiprojektmanagement eignet sich nicht nur für etablierte Unternehmen

Auch in jungen Technologieunternehmen kann es sich anbieten relativ schnell ein Multiprojektmanagement einzuführen, um das Innovationsmanagement zielgerichtet zu kanalisieren. So sollten alle relevanten Stakeholder im Unternehmen im Portfolio-Board zusammengeführt werden. Als Auswahlmechanismus bietet sich im

Falle des Innovationsmanagements die Optionspreistheorie an, da die Portfoliosteuerung beim Innovationsmanagement auch als die Auswahl von Investitionen unter hohem Risiko und Rendite verstanden werden kann. (3)

In jungen Technologieunternehmen ist aber zu berücksichtigen, dass mittels eines Change Management-Prozesses das Innovationsmonopol der Produktentwicklung in einen gesteuerten strategischen Managementansatz überführt werden muss. Hierbei ist die Kommunikation der Gründe dieses Systemwechsels sehr gut zu kommunizieren, und es sollte versucht werden den Entwicklern noch Freiräume zu schaffen. So praktiziert Google zum Beispiel einen freien Projekttag je Woche, an dem die Entwickler ihre eigenen Projekte verfolgen können. (3)

Fallbeispiele

Eine Projektmanagement-Software, die eine sehr gute Portfoliomanagement-Funktionalität integriert hat ist **PSNext** des Herstellers **Sciforma**. Sie ermöglicht über Register wie Zusammenarbeit und rollenbezogene Zugriffsrechte wie aber auch eine gute Datenbankfunktion viele Voraussetzungen hiermit auch Multiprojektmanagement zu betreiben. Dabei eignet sich die Software sowohl für den Einsatz in kleinen wie auch sehr großen Unternehmen, da sich das System sehr gut skalieren lässt. Darüber hinaus betrifft die Skalierung auch die Kosten für das System, da die Lizenz nur bezahlt wird für den Umfang, in dem das System genutzt wird. (6)

Weiterführende Literatur

(1) Becker, Wolfgang / Kunz, Christian, Multiprojektmanagement in deutschen Finanzdienstleistungsunternehmen, Controlling, Heft 06/2008, S. 307314
aus HMD - Praxis der Wirtschaftsinformatik, Heft 260/2008, S. 104-117

(2) Wichtige Disziplinen sind die Portfoliosteuerung, Projektmanagementstandards und die Schaffung einer Projektkultur Multiprojektmanager denken fachübergreifend
aus Computer Zeitung, Heft 22, 2008

(3) Innovationsmanagement und Organisationsentwicklung im Kontext des Online Business Networking
aus IM Information Management & Consulting, Heft 2/2008, S. 49-56

(4) Planen – Messen – Steuern: Die Kernprozesse von

IT-Governance und IT-Controlling
aus IM Information Management & Consulting, Heft 2/2008, S. 60-68

(5) IT-Projektportfoliomanagement – Konzepte und praktische Lösungen
aus HMD - Praxis der Wirtschaftsinformatik, Heft 260/2008, S. 43-52

(6) PM-Software PSNext: Ausgewachsenes Multiprojektmanagement
aus projektMANAGEMENT aktuell, Heft 2/2008, S. 37-40

Impressum

Projekt-Controlling - Die rasante Zunahme an Projektarbeit verlangt nach Multiprojektmanagement im Controlling

Bibliografische Information der deutschen Nationalbibliothek

Die Deutsche Nationalbibliothek verzeichnet diese Publikation in der deutschen Nationalbibliografie; detaillierte bibliografische Daten sind im Internet über http://dnb.d-nb.de abrufbar.

ISBN: 978-3-7379-0059-1

© 2015 GBI-Genios Deutsche Wirtschaftsdatenbank GmbH, Freischützstraße 96, 81927 München, www.genios.de

Alle Rechte vorbehalten. Dieses Werk ist einschließlich aller seiner Teile – z.B. Texte, Tabellen und Grafiken - urheberrechtlich geschützt. Jede Verwertung außerhalb der Grenzen des Urheberrechtsgesetzes bedarf der vorherigen

Zustimmung des Verlags. Dies gilt insbesondere auch für auszugsweise Nachdrucke, fotomechanische Vervielfältigungen (Fotokopie/Mikroskopie), Übersetzungen, Auswertungen durch Datenbanken oder ähnliche Einrichtungen und die Einspeicherung und Verarbeitung in elektronischen Systemen.